DISFARCES

CARLOS ALEXANDRE DE PAIVA FERREIRA

REAVIDOS

EDITORA
Labrador

Copyright © 2023 de Carlos Alexandre de Paiva Ferreira
Todos os direitos desta edição reservados à Editora Labrador.

Coordenação editorial
Pamela Oliveira

Assistência editorial
Letícia Oliveira
Jaqueline Corrêa

Projeto gráfico e capa
Amanda Chagas

Diagramação
Heloisa D'Auria

Preparação de texto
Lívia Lisbôa

Revisão
Ligia Alves

Imagens da capa
Amanda Chagas (geradas em prompt Midjourney)

Dados Internacionais de Catalogação na Publicação (CIP)
Jéssica de Oliveira Molinari - CRB-8/9852

Ferreira, Carlos Alexandre de Paiva
  Disfarces reavidos / Carlos Alexandre de Paiva Ferreira. — São Paulo : Labrador, 2023.
  128 p.

ISBN 978-65-5625-370-1

1. Poesia brasileira I. Título

23-3873   CDD B869.1

Índice para catálogo sistemático:
1. Poesia brasileira

EDITORA Labrador

Editora Labrador
Diretor editorial: Daniel Pinsky
Rua Dr. José Elias, 520
Alto da Lapa — 05083-030
São Paulo — SP
+55 (11) 3641-7446
contato@editoralabrador.com.br
www.editoralabrador.com.br

A reprodução de qualquer parte desta obra é ilegal e configura uma apropriação indevida dos direitos intelectuais e patrimoniais do autor. A editora não é responsável pelo conteúdo deste livro. Esta é uma obra de poesia. Apenas o autor pode ser responsabilizado pelos juízos emitidos.

SUMÁRIO

Prefácio _____ 9

I. ORAÇÃO

II. VÍNCULOS

Mesa _____ 15
Casaco _____ 16
Casa de avô _____ 18
Museu de cera _____ 20
Trenzinho _____ 23
Fumaça _____ 24
Carambola _____ 25
Beijo _____ 26
Trem de doido _____ 28

III. CARTOGRAFIAS DO NADA

Canto I _____ 31
O quadro na parede _____ 33
O vento que passa _____ 34
Trama do afluxo _____ 35
Vagas informes _____ 37
A cidade velha _____ 38
A nau da minha ausência _____ 40
Superfícies _____ 41
O incenso da tarde _____ 42

IV. DECALQUES

Um quase soneto _____ 44
O grito _____ 45
Natureza quase morta _____ 48
Sísifo _____ 50
Sereia _____ 51
Ainda não é o fim _____ 53
Uma praça em três tempos _____ 55

V. TRANSFIGURAÇÕES

Ponte necessária _____ 59
Adágios para a viagem _____ 61
Uma visão _____ 63
Cantiga de roda _____ 65
O outro _____ 66
Entre a espada e a pena _____ 67
Janelas _____ 69
Ofélia _____ 71
Ao revés _____ 73

VI. GEOGRAFIA FRAGMENTADA

Cine-Teatro Palace _____ 75
Rua Teobaldo _____ 77
Fim de tarde _____ 79
Aquela dona _____ 81
Igreja da matriz _____ 82
Carrinho de pipoca _____ 84
Notícia de jornal _____ 86
A cadeia antiga _____ 87
Falta alguma coisa _____ 89

VII. NÃO VENDO FIADO

no boteco _____ 92
ode a um copo de cerveja _____ 93

salão do Lima _____ 94
já que a sorte está chegando _____ 95
um tango argentino _____ 96
sob as cordas do violão _____ 97
diálogo amoroso _____ 98
duelo _____ 101
sorria _____ 103

VIII. TARDES DIZEM COISAS MAIS EXTRAVAGANTES QUE OS POETAS

Não só flor há no jardim _____ 105
O sol se entranha _____ 106
O sino da igreja toca _____ 107
Lábios se abrem _____ 108
Essas luzes do poente _____ 109
E então não imaginava _____ 110
Desde a Piazzale Michelangelo _____ 111
Os vernizes da tarde _____ 112
Às vergastas do pesadelo _____ 113

IX. ESCÁRNIOS AO BEL-PRAZER

Idos de janeiro _____ 115
Romance _____ 116
Décimas _____ 117
Homem é lobo de si _____ 119
Vamos taxar os livros _____ 121
Pra quê? _____ 123
Almas mortas _____ 124
Coisas _____ 125
Yanomami _____ 126

elli a me: "L'angoscia de le genti
che son qua giù, nel viso mi dipigne
quella pietà che tu per tema senti".

(*Inferno, IV, 19-21*, Dante Alighieri)

Prefácio

Disfarces reavidos se trata de um conjunto detalhista e ressoante de poemas, formado por uma imagem cotidiana epicêntrica: a do homem-cidade, entre ele mesmo e o que lhe acontece – do mundo que vemos por *retinas tão fatigadas*, como já versado por Carlos Drummond de Andrade (1902 – 1987). Este núcleo de Carlos Alexandre de Paiva Ferreira é construído em nove seções, com apuradas analogias e engraçados detalhes. Por um copo de cerveja ou um *diálogo amoroso*, ou ainda na persistência lírica que nos embala em histórias como *Janelas, Ao revés, Casa de avô, Ritmo pandêmico* e que se modulam para romper o que é primeiramente existencialista, para se tornar também um hino à emancipação do ser humano a partir dos seus objetos mais íntimos, ou seja: tratar do que é externo e também enunciar o que se torna interno, a partir dos detalhes deste seu segundo livro.

Ferreira, com atenção e disciplina, potência e alegorias, cria uma verve de enredo atemporal, conduzindo esses versos de modo precioso, "A razão não basta / para desentranhar o medo", e se transformando a cada nova seção, e elas se tornam mais intensas a cada nova página percorrida, pois "Os olhos ainda palpitam / nas janelas do quarto", e "tantos passos se dão ruas".

Parafraseando Jorge de Lima (1893–1953), "O sono está. / E um homem dorme", e como a voz transeunte do poeta sabemos daqui a criação do amanhã, na contemplação de sua epiderme nostálgica: "há que se talhar / as formas / com a faca ou o pincel".

Mariana Basílio

I.
ORAÇÃO

Mal ousa a palavra
desprender-se
da boca muda,
vez que dela
não nasceria
tão profunda,

o sentido
que a voz emana
se debruça
em meus ouvidos,
restituindo
a carência dos encontros
e desencontros.
Uma boca só não bastaria
pra confluir tantos desejos.

Vez outra,
teimosamente,
vem ouvir as tais palavras,
esculpidas no silêncio
e tangidas pela voz
quase nunca percebida.

De tudo quanto ouve
e de tudo quanto diz,
de tudo se embebeda
e de tudo se apropria
sem, contudo,
nunca ter sido
um filtro de belezas.
Sejam as palavras,
mesmo as não pronunciadas,
o rio que nos transporta.

II.

VÍNCULOS

Mesa

O copo sobre a mesa é de estanho.
De estanho, digo, pois que a imagem
que dele resta reluz
como o estanho de outrora,
onde nele bebem
muitos que se foram;
mas ele se quebrou.
De estanho não era. Mas foi.

A lembrança de uma tarde
e de um desejo, talvez,
mais perdura
que a feitura
do que se tem.

Nesta mesa, muito mais do que mesa,
deslinda-se entre linhas glosadas
um sentido único,
não devassado
pelo olhar enclausurado
na teia do computador.

Mas dela
não se fará uma tela
onde o instante repousa
infinitamente só.
Já decai o seu fascínio
e os anos
não passaram.

Casaco

O casaco não reteve
sua peculiar maneira
de reter o ser debruçado
na janela.

Pela janela
a vida durava
enquanto durasse
a abertura da janela.
Mas a tarde de ontem
é frágil em sua desenvoltura;
já não se enquadra
nas margens que se têm
pra preservar os seus contornos.

Quase não se distingue
a lotação das 07h15
da lotação das 17h15.
Ali dentro,
são despidos
os hábitos e memórias
pelo irresistível
olhar de fora.

A incerteza
inocula anseio
nas tardes que estão suspensas.
Convulsão de mãos
à cata

do mais recente encanto,
e já regressa a noite
mesmo sem raiar
o dia.

Na incerteza permanente
de colher tardes raras,
segue-se usando
o casaco velho,
cheio das novidades
de sempre.

Casa de avô

Uma casa antiga
queda, rente à esquina.
Centelha a casa
que não resta.
Só por vestígios
é vista.

Como os verões
eram imensos.
Eram imensos naquela casa
imensa e cercada de muro
imenso e amarelo,
o amarelo de Goya
em *La Boda*.

Além, a imensidão do verde
posta em pasto tão vasto
de se perder olhando.
Frasco de odores permanentes.

Através da lamparina,
o cheiro da noite
em elegância
na arruaça das falenas.

Penso, suspenso
na escada de entrada,
na sala de retratos
em seguida

com seus artefatos antigos,
de tempos mais nobres,
mais ricos.

O aroma de café no bule
lembra pão, lembra queijo,
lembra a mesa grande
e o fogão a lenha.
Gesticulo os olhos
que o sorvem barulhentos;
os gestos são decisivos
em seu modo de lembrar.

Há roncos pelos quartos.
É preciso atravessá-los
na aventura noturna
de ir ao banheiro.
Madeira rangendo
nos desvãos da noite.

E a certeza
que de través me vem
é a de estar sempre ausente
do lugar que se tem
e que vai desaparecer.

Museu de cera

São de cera
as formas instaladas
no meu quarto escuro,
onde percebi a morte
antes de perceber a vida.

A vida assim
petrificada
em marmóreas encenações
do instante
parece constranger
a razão
desde há muito
constrangida.

Aperta
a opressão do quarto,
ocluso
nas sombras insuspeitas
da mobília.

A razão não basta
para desentranhar o medo
que desde cedo
se aloja na memória.

A noite adensa
no quarto adentro
mais estranha e profunda
que lá fora.

E assim
pressente o menino
que algo horrível
vai se dar.

Os passos na igreja
são secretos
como é secreta
a noite insone.

São de vidro
os olhos que me espreitam
dos altares de pedra.
São de sombras
as formas
que os envolvem.

Não há palavras
que se digam
nessa confluência
de segredos.

Entro sem dizer,
saio sem escutar.
E não há o que fazer
sobre essa faina
intermitente
de entrar e de sair.

São de cera
as formas tenebrosas
que povoam
a minha memória.

Trenzinho

Um grito na noite.
Carrilando no ferro
e gritando na noite,
chega o trem.
Grita e carrila,
ferro com ferro,
silvos de grito intermitentes.

O trenzinho de ferro
no tapete da sala
não mais
está jogado.
Dele não resta
um trilho de plástico
que se soía encaixar.

Resta somente
o silvo intermitente
do trem de ferro
na noite gritando,
e no sonho se perde
entre tantos sonhos que se têm.

Fumaça

Em seu curso intangível
de lentos resvalos,
a fumaça sobe
expandindo os sentidos.

Vértice no ar
dos passos fluidos
que damos
ávidos de sentido.

Intervalada sucessão
de caracteres e espaços,
o fumo ressalta
todos os interstícios.

Na cortina de vapor
encontro o indício
daquele teu vício
de lançar em brumas
tudo o que nos cerca.

Aleijou-te a vista
uma vista mais profunda
a penetrar nas coisas
que jamais alcançara
a minha vista.

Preenchendo o meu vazio
ainda posso te ver
na desgastada via
onde sempre trilha
aquele que se perdeu.

Carambola

Carambola é a fruta
que tem a forma de estrela,
no quintal da casa tinha
esse pé de carambola.

Comendo a fruta de estrela,
o céu na terra se punha
e somente ao pé da cerca
se tinha o pé dessa fruta.

Não sei quantos anos tinha
quando ia ao pé da cerca
comer um pouco da fruta
que tinha a forma de estrela.

Quase sempre azeda e doce,
com a cor amarelada,
carambola é a fruta
que me faz lembrar de tudo.

Ainda não inventaram
picolé de carambola,
que seria um encanto
como um beijo na boca.

Pingando dulçor na grama,
carambola é a fruta
cujo formato de estrela
enche meu céu de esperança.

Beijo

A vocação do mapa
é configurar o espaço
que vemos,
mas não vemos
uma centena de coisas
cujo prazo esmorece
ao piscar dos olhos.

Até mesmo um beijo
tem a sua história
entre tantas histórias
que compõem o caminho.

A face nua da praça,
com sua arquitetura,
traz à tona o beijo
que ali se deu um dia.

Sentir os seus lábios
era estar só e com ela
em um mundo só
de beijos e perfumes.

A água do chafariz
respingando
na água da fonte
concertava com o coração
a música dos sentidos.

Nunca mais
deram-se aqueles lábios
num encontro de seivas
e amores.

Mas terá sido, talvez,
aquele beijo repetido
em inúmeros beijos
que desde então se deram.

Trem de doido

No trem de doido se aduna
a cambada da estrumeira,
que vem trazendo a Fortuna
pra Serra da Mantiqueira.

No nosso peito se enfurna
uma noção só e inteira:
de Barbacena a soturna
saudade nada rasteira.

Vem de Provença o vento
mas Barbacena mostra
o sol deitando lento
mais belo que se possa.

Neblina traz no alento
de pranto que se apossa,
extremo e violento,
do dia que se prostra.

Tem uma pedra dura
que cobre toda a face
das casas e da rua,
mas cede a todo enlace.

Tem uma rosa pura
mais pura que o impasse
do nada e criatura
em justa contraface.

Pontilhão à Ponte Seca,
muitos passos, ribanceiras,
uma danada enxaqueca
faz perder as estribeiras.

De ínfima charneca
à nobre bagaceira,
aqui tem todo Zeca
a sina derradeira.

Desta terra não restou
nem o trem e nem a rosa
que um dia aqui brilhou,
mas a gente portentosa
que a loucura aqui gerou.

III.

CARTOGRAFIAS DO NADA

Canto I

Um gesto de velas expandidas
nos lança na viagem
e, ao largo de muitos infortúnios,
seguimos singrando
pelas insólitas vias do devir;
nos altos e baixos das ondas
com brilho de sol na proa
e o vento que sopra na popa,
rústicos remos se lançam
ao par da vontade apenas
aonde a vida se entrega
plena; perdura a veste da noite,

e jamais a devassou
um sol premido pelo dia.

Mas, que merda, lançar mão de remos
se é o vento que leva a vela
e a espera protela
os perigos da jornada!
O que nos resta, senão
volver os olhos para além
da névoa que arrasa
as inúmeras possibilidades?
Sopram os ventos alísios,
passando sobre a fremente essência,
e um braço cansado sustenta
o remo em riste que fere

o refluir das águas
nos limites do amanhã.

O quadro na parede

Um barco imóvel
no horizonte fabricado
e deslindado
pelas mãos do artista
suscita a minha espera.

É mudo ainda
seu embate nas águas
e suspensa em silêncio
a sua vela inchada.

Partiu um dia
de uma terra alheia,
que o sonho enclausurou
num instante que não termina.

Um desejo tinha
que se cindiu
nos impulsos cromáticos
do crepúsculo.

Num instante,
armam-se as engrenagens
das ilusões que temos,
transitórias e permanentes.
Vejo-me no barco imóvel
de um horizonte improvável,
e espero.

O vento que passa

Um silêncio jaz suspenso
na desmedida
privação do instante
e não me é estranho,
absolutamente não é,
esse vazio imenso
e seus apelos
que me gelam as mãos.

Inalo o vento que passa
súbito em suas ausências:
a imagem rara do desejo
passa como passa um lampejo
e se esvai na espuma
que o mar carrega.

Trama do afluxo

Ninguém devassou ainda
sua esfíngica linguagem,
e minha onírica imagem
carrega, no curso de águas vibrantes.

Devassado
além do visível;
para mim, desde sempre,
intangível
em seu modo pluriúnico de ser.

Na trama do afluxo,
com seu rastro de incertezas,
porei minha fé
          a oscilar
na certeza
que ao mar se perde.

Sem retardo,
vai inserto no mar
impregnado pelo fluir de ondas,
sem fardo
como sempre incerto
um ser vai no ar.

A marca constante
de cúmplice que se esconde
cinge-lhe a fronte pesada;
quando parte,
rastro algum deixa
em seu caminho de pedras.

Vagas informes

Em mar aberto
o proscrito se vai
como se para casa fosse.
O deserdado nele se lança
como se o pago achasse
de seu desengano.

Mas eles não falam
a língua das águas
em profusão de ideias combatentes,
no revém das marés
salpicado
pelas farfalhas das gralhas
na dimensão dos ares.

Muito além dos mastros eriçados,
na escala da magnitude
sempre invicta,
há o prelúdio das vagas informes,
de seus dias de verão.

A cidade velha

Aquém do mar
jaz indene
a cidade velha.

Quem habita
a cidade velha
sempre a fita
com os olhos apagados.

Não a cobre
uma veste de prata,
mas a malha trançada
com teias de lata.

Não reluz
a praça da cidade;
tal praça, na verdade,
congrega um rito
de faces ausentes,
emendadas por feixes
imaginários.

Não há pontes
que atravessam as pessoas
por seus extremos,
e além de seus extremos
não há pontes
a serem atravessadas.

Além do mar,
léguas salgadas
e línguas sedentas
se dão sempre vivas
devorando os dias,
sempre medidos
pela vontade
— infinita terra futura.

A nau da minha ausência

As pragas vagam nas plagas áticas
e nas águas se alastram
os longos ecos da memória,
mas eu busquei no mar aberto
a arte de sondar longínquos portos
e ser livre
na proscrição da fuga.

Antes que se interponham
entre nós
as muitas distâncias da saudade, ainda há
um interlúdio a se buscar
no lastro das incertezas.

Ícaro no céu lançado,
bem polida e manufaturada,
ajustada às veemências,
segue a nau
da minha ausência
a sulcar seus fulcros ideais.

Serpeia na água
a sua carcaça,
pois que as águas bem conhecem
o seu curso inexorável.

Lampeja uma chispa
no céu da noite;
não engoliu o mar ainda
a herança de um sonho atlante.

Superfícies

Vejo não uma corrente
de águas que se debatem
como uma ideia e seu reflexo
em contrastante simetria de desejos.

Vejo esboçadamente
aquele anseio antigo
de derribar as mordaças
que a aridez do dia impõe.

Os mastros ao vento lançados,
mais que capitéis de ferro
e de vidros deformados,
são os arautos da aventura.

A casca de cautos carvalhos
refrega as ondas combativas
menos que a barca automotiva
em seu caminho de pedras e asfalto.

O incenso da tarde

Sobe o incenso
que a tarde esfuma
esculpido a graves penas
de uma dor antiga.

Desprende-se da terra dura
a alma que buscava
entre tantas espessuras
galgar um passo imenso.

Um momento
e ainda não se camba
a vela solta:
despedem-se os aflitos.

Decresce o adeus último
que a boca pronuncia
e diminuem as feições do aceno
no acaso da viagem.

Formidável vela distendida
ao som do mar, cadenciada,
dispara o tom dessa jornada;
vagando vou, volto pra casa.

IV.

DECALQUES

Um quase soneto

Tão senil me parece e tão funesta
a minha noção de amada
    quando vejo aquela bunda
marcadamente delineada
por uma graça em festa.

A multidão evidencia e atesta
sua elegância inviolada;
    de uma forma tão profunda
segue sempre singular e apressada
com fugidio riso e altiva testa.

Seu olhar destila veneno
e ambrosia, me buscando e me prendendo
    com igual porção e simetria
em seu mundo vasto e tão pequeno.

Sem jamais me conhecer, segue sendo,
    num relance, a perfeita sintonia
entre os contornos da beleza
e os matizes da tristeza.

O grito

Dia vinte e dois de janeiro.
Alguém que só pode ter sido um louco
atravessa a ponte;
dois seres vagam
logo atrás.

Ignoro o que tenha sido
aquele dia de janeiro
na vida de tantos loucos,
ou nem tão loucos assim.
Talvez tenha chovido
em outra parte
que não ali
ou o sol tenha sido
tão pleno
como foi aqui.

Um grito se dará
às dezessete horas.
Às dezessete horas
porque a hora rubra
se entremeia
com as ondas do mar revolto,
não tão revolto onde
a vela
se escamoteia, sem abraçar
a brisa inexistente.

São só dezesseis e cinquenta.
A sonora voz inaudita
ainda não se prolongou
entre as formas deformadas.
Ainda dezesseis e cinquenta e cinco
e cinco segundos,
os dois seres que vagam
na retesada ponte
não experimentam
a deformada hora,
ainda.

Muitos são os seres
que se congregam
no vasto instante
das dezessete horas,
mas a solidão ainda
persiste
insuportavelmente
nesse ser estranho
que atravessa a ponte.

São dezesseis e cinquenta e nove.
Está invadido
por uma incapacidade
de se transbordar no outro,
que não encontra em si,
nem aqui, nem ali,
na vertigem crepuscular
das horas.

São dezessete horas.
Esse ser estranho
se detém na ponte
e transfigura as formas
com seu grito
abrupto.

Natureza quase morta

Desaba de vez a noite inteira
como se o céu de todo se fechasse
em sua cova rasa e derradeira
e nunca mais o dia revelasse.

Carrega em si imagens barulhentas
que tanto a mente emprenha de demências,
mas o silêncio teu aqui se ausenta
com o imprevisto e suas aparências.

Nada se canta dentro dos ruídos
e embora estejas abrigada assim
no térreo das vontades, dos vencidos,
é clandestino o encontro com o fim.

A vida aqui se estende nessa incerta
e acaçapada profusão verdosa,
que impregna nossa vista em descoberta
de raras cenas em fingida glosa.

Sobre ti a janela se derrama
com a enxurrada azul de alheias formas,
premindo o longo e vasto cronograma
do vácuo que se cria e suas normas.

Nos arrabaldes da ruína buscaste
secreto templo com os seus escombros
e à noite teu veneno masturbaste
desde as entranhas cheias desse assombro.

Existe sempre alívio no solene
esvaziar de nossos copos cheios,
no entanto o corpo continua indene
a todos os estímulos alheios.

O gato em seu miado é o incenso
que invade a orgia obscura dos sentidos
— vem colocar o fim assim suspenso,
embalsamando os vivos já perdidos.

A noite, a cova, o verde, a azul janela,
o copo, o gato e todas as ofertas
que a vida aqui te deixa, vãs sequelas
são de feridas sempre em ti abertas.

Sísifo

Refrega a pedra
com o peito na subida.

Repete seu flerte
destituído de sentido.

A pedra rompe
o morro acima.

A vida despenca
morro abaixo.

Resiste a vida
em seu embate
com a pedra.

A pedra é bruta.
Mais bruta
é a vida
que a pedra.

Sereia

O silêncio dos ruídos
interdita a melodia.
A mim somente compete
ouvir o doce canto.

Expectativa sempre viva
é que anima tantos ouvidos,
mas a música sempre esteve
onde o homem se esquiva.

Muitos ignoram
a suprema quietude
ou a extrema tensão
de suas modulações tonais
por vezes na simplicidade
da fala de galhos
mexidos pelo vento,
por vezes na possibilidade
do encontro de vozes
ao largo do caminho.
Este é o tempo dos ruídos.

De casa em casa busco
a sua imagem, nos jardins
das casas, o seu cheiro
e seu gosto nos cafés
que tomo e sinto
com os dedos tremendo.

Insinua-se num grito.
E, mesmo calada,
uma palavra ensaia
na brisa da tarde.

Sua voz é doce;
seu canto, um aceno.
Adita ao som do vento
o tom de etéreas latitudes.
Cada sílaba, embebida
na cítara do suspiro.

Dela apenas me separam
as feições urgentes
do prolongar-se ainda.
Às margens do fim
é verdade que dotei-me
dos meus remédios
e com cera fabricada
amoldo os meus ouvidos.

Ainda não é o fim

Perde-se quase tudo
ao longo do caminho;
perde-se sobretudo
tempo e o que fazer
com ele, mas
ainda não é o fim.

Perde-se o critério
de medir as distâncias
e todo o mistério
que há entre a noite
e o raiar do dia, mas
ainda não é o fim.

Perde-se a referência
de todos os lugares
e também a essência
de como foi
encontrar-se em casa, mas
ainda não é o fim.

Perde-se a devida
atenção com a parte
essencial da vida
e, se a dor com a pele
não mais duela,
ainda não é o fim.

Perde-se a coisa que não era minha
e também a tarde
que em si continha
tantas coisas perdidas
e, por mais que anoiteça,
ainda não é o fim.

Perde-se a convexa convenção
das partidas e retornos
e, se parece especulação
a falta que sentimos
de alguém que se foi,
ainda não é o fim.

De agora em diante
perder-se-á ainda mais
aquilo que se tem
e as pessoas partirão
com mais frequência, mas
ainda não é o fim.
O fim ainda está por vir.

Uma praça em três tempos

I

Era dia na praça da cidade
e um talho em raio de luz desmanchado
mal se enredava entre as folhas rasas
que copas formam bruscamente verdes.

Sob a pele das vozes um rumor
indefinido cresce ao som dos carros
que passam, breves cânticos de pássaros
por vezes são ouvidos quando podem.

Confluem-se os anseios multifários
que a vida cria ávida de impulsos
e rumos discrepantes e inexatos,
ao fim e ao cabo apenas uns delírios.

Na arena de conflitos sem conflitos
o dia faz-se tarde e a tarde, dia,
a noite faz-se nada e nada faz-se
a noite, em câmbio constante de ideias.

II

Era tarde na praça da cidade
e um choro em chuva embebido deitava
em derradeira choradeira parda
que em nada amofinava aquela cena.

Quem da chuva pressentiu águas claras
caindo nas calçadas dessa praça
quando o imprevisto era seu relevo
mais ameno e contorno de seus restos?

Tantas coisas refletem esses olhos
que espreitam bancos, árvores e signos
e refletidos são também na chuva
que cai translúcida e apaga o que foi.

Talvez ainda haja tempo claro
antes do anoitecer e malparemos
um flerte insuspeitado sob as luzes
do entardecer, deveras inquietos.

III

Era noite na praça da cidade
e as folhas secas caem hora adentro,
ao largo duma sombra que transborda
brilho de prata na candeia turva.

A luz no céu da noite não reluz
um traço desse banco de concreto
que abarca a forma de gente de pedra
e aflora em libação loquaz do dia.

As vozes são murmúrios na lassidão
da vigília, insistência densa e apensa
ao nada, latejando no naufrágio
da manhã, vez por outra num latido.

Acompanha o silêncio que vacila
a multiplicidade de pessoas
que pela praça passam tropeçando
na lembrança dum dia que acabou.

V.
TRANSFIGURAÇÕES

Ponte necessária

E vi o mesmo céu
e a mesma terra,
e a palavra, em seu mesmo estado,
continua sendo
uma ponte necessária.

A palavra é inelutável
em seu modo de existir,
inevitável
em seu modo de exprimir
o sentido das coisas.

Pensa-se, é possível,
na construção diária
de uma ponte
com os artefatos e atributos
desta terra.

Uma ponte, é verdade,
é sempre urgente e necessária
dada a capacidade
duma terra
de ser só fraude
e apresentar a verdade
como a versão
transitória da mentira.

Entardece nesta terra;
resta uma sombra
de homem arqueado,
sorvido pela terra
prenhe da essência
de homens sorvidos.

Resta-nos a palavra,
saliência formidável
desta terra,
que pende sobre a encosta
como um cântico
que ressoa esperanças.

Adágios para a viagem

Se a tristeza
é o adorno da consciência,
nada mais triste
que a inconsciência
sem as palavras.

A palavra tece
uma história antiga
ou esboça
os termos da partida;

esclarecendo
ou enganando,
leva ao homem
a esperança
de alçar-se na beleza
ou chafurdar-se na guerra:
nenhum deus
pôs ainda
fim a esta desavença.

A mesma gana
move os sábios
e aos insanos engana
em seus intentos.

Nenhum cão
mordeu ainda
sem que tais apetites
o movessem,
e nenhuma palavra
sai de sua boca.
Das amarras do sentido
rompa-se a letra,
e eis o que não pode o juízo,
fá-lo a voz poética.

Uma visão

Era apenas uma visão:
não estou inteiramente certo
de que tenha realmente visto
alguma coisa,
ou que a coisa
que eu tenha visto,
ou imaginado desta forma,
imaginou-se sendo vista
por alguém como eu.

Estando ali, forma estranha,
hermeticamente posta,
parece estar vazia
quando não a olho
e não completo
seus finais necessários;
latente, no entanto,
está o meu vazio.

Desvelada e nua,
ainda que escura
como o curso
de emblemas em conflito,
o seu nome me escapou
no momento em que eu o buscava;
antes, estava ali,
quieto e só seu.

Não percebo a sua voz
entre tantos ruídos que se dão;
não apreendi a sua aura,
assim como ela
ignora-me por completo.

Mesmo fora de mim,
longe desse engenho que tenho
em buscá-la e repeli-la,
está aí, como sempre esteve,
em seu modo pulsativo
de encher e esvaziar.

Cantiga de roda

Não há lugar
que mais eu goste
que ao seu pedido
o meu reposte.

A cada engano
a que me induzes,
dou-te a palavra
para que a uses.

Pra cada noite
que me encapote,
cultivo a chispa
pro meu archote.

A derrisão
final do olvido
é a palavra
a todo ouvido.

O outro

Cada ser cujo desenlace
em nós se deu,
seu corpo e sua face
em nosso passo
tanto se alastra
como um compasso
da música que contrasta
com o soar do eu.

Premido pelo engano,
não me ocorre distinguir
os coloridos arbitrários
das formas várias do ser.

Das várias inconstâncias
do não ser,
persistem as distâncias
de um e outro encontro
que na rota se dá
do impensado ponto
que a vir está,
de tanto se perder.

Entre a espada e a pena

Eu quis viver
a extrema possibilidade
que há
entre a espada
e a pena
— nelas se confluem
minhas ambivalências.

Pela espada
vi os aparatos da guerra
em meio
aos artifícios da paz,
e quis a paz,
mas fiz-me na guerra.

E, embora tenha
interposto meu brado
na voz íngreme
que se escamoteia
entre os urros da fúria,
não me enleei
às formas brutas
das brutas alienações
que sustentam a ordenação
da corte.

Pela pena,
tardiamente distendida,
embora
sempre manejada,
quero sondar
o espaço inaudito
dos revezes
com o mesmo coração
destemido;
flanar sobre os abismos
da memória
sem tremer
sob as sombras da jornada
— para Ítaca
já se alargam os caminhos.

Janelas

Quando a busca então
não mais fizer sentido,
e a única imagem
do fim de tarde
for uma janela
trancada na memória,
sejam as palavras
a tua oferta.

O afeto
deveria ter sido a fonte
de tantos encontros
que não se deram,
mas os apertos de mão
já não apertam
de verdade.

Envolve-nos o tempo
em que o olhar
recusa-se a confrontar
o outro,
apenas resvalando
na superfície de um espelho.

Não sei, meu filho,
qual a extensão
desse vasto mundo
em sua expansão
de fechar janelas,
nem sei, filho meu,
se na morte
haverá
uma janela a se abrir
ou uma a se fechar,
mas ainda
o hei de saber.

Eu sei,
isto, sim, eu sei,
que a palavra
é a janela
a ser aberta
e a decantar
o licor da vida.

Ofélia

Descendo latente
o sonoro rio
na veia ardente
da terra,
segue fluente
em seu caminho de pedras
e entre pedras
deslinda seu murmurinho,
e das pedras quis fazer
seu vasto ninho.

Não há sequer uma pedra
que não conheça
seu doce canto
a esgueirar-se de mansinho
em sua nervura de pedra.

Viceja o orgânico
que na pedra se prende
em seu passo de estrias verdejantes,
e dilui a pedra preta
com seu hálito de candura
e as formas fluidas
do seu itinerário.

Passam as águas.
Ela as vê onde
não mais estão.
Não se ouviu em eco
de seu dardejar na pedra
entre a caótica
aliteração das ruas,
mas ela segue, tornando-se pedra.

Um último aceno lhe rende
aquele que ouviu o seu chamado,
e entre tantas outras pedras
foi também tornar-se pedra,
uma pedra que flutua.

Ao revés

Ao despertar dos sonhos intranquilos,
achei-me sobre a cama
transfigurado em forma de pessoa
sem a couraça antiga,

essa couraça que muitos assumem
em nome dum esforço
de ser couraça até no espírito pleno
e em cada lance seu.

Serei pessoa finalmente e sempre
sem precisar mais ser
o chão que muita gente quer achar;

pessoa inteiramente,
agora e sempre desapercebido
nesta forma de gente.

VI.

GEOGRAFIA FRAGMENTADA

Cine-Teatro Palace

Inevidente,
o dia passa
em sequência ocasional
de imagens fictícias.

Suspende o desvio
da invenção
que o presente nos impõe,
ignorando toda medida
de hora marcada,
todo lastro de música
no compasso dos gestos.

Quando retiraram
a placa do cinema
que ensimesmava
o par de colunas em *art déco*,

entendi
que não seria
mais possível
reconciliar fatos
com a fantasia.

Sinto que devo
fechar os meus olhos,
sinto que posso
olhar além da porta.

São frágeis as paredes
que não mais encerram
o eco de vozes
brandidas ao silêncio.

São surdas as poltronas
vermelhas sem pessoas
nelas sentadas, pasmadas
com a espessura das horas
em tantos fatos avulsos.

São ocas as colunas
que não segredam lances
de mãos à cata de outras
tantas mãos ávidas
de mãos.

Flana-se à deriva
do provável,
flanam ainda
aqueles que sonham
apesar das evidências
do improvável.

Rua Teobaldo

Enfileiram-se os prédios
na rua Teobaldo.
Enfileiram-se os prédios
em tantas ruas da cidade.
Entre os prédios enfileirados,
enfileiram-se os meninos.

Os gritos entre os prédios
animam as faces
dos meninos barulhentos.
Tiros de espoleta silábica
alimentam armas coloridas.

Abrigo a tarde
que desponta
no meu quarto,
ansiando a vida
lá fora, nos gritos
dos meninos em combate.

Insinuam as aventuras
que se dão
entre os muros,
os barrancos, as escadas
dos prédios enfileirados.

Tantos prédios, tantas casas,
vejo enfileiradas
em tantas ruas que surgiram,
esquinas que brotaram.

Os olhos ainda palpitam
nas janelas do quarto.

Fim de tarde

As intermitências do belo
vagam entre as intransigências
do dia, com igual vigor
e harmonia da evanescência
do mistério.

Andei buscando
nas cores do dia
os belos matizes
daqueles finais de tarde.

São demasiado macias
as minhas mãos
no extremo enlace
dessa procura.

Não comporto entre dedos
a firmeza duma sombra
quando a tarde cresce
cheia de lembranças.

A noite está surgindo,
uma tarde se fechou,
buscamos sempre a tarde
aberta, mas ela não cessa
nunca de fechar-se.

Aceito a despedida
embora sinta
o suspiro da partida
e careça da argúcia
da aurora.
O que fica
são as cores de seu nome
e uma memória repleta
de nomes e lugares.

Aquela dona

O melancólico carpir das horas
traz à memória o tempo vicejante
da mocidade, quando um estudante
andava a ver as pernas das senhoras.

Nenhuma perna era mais galante
que aquelas belas pernas feito amoras,
completas pra colheita sem demora,
daquela dona tão, de mim, distante.

Era só seu o modo de passar,
deixando a todos uma nostalgia
de o tempo no momento repensar.

E, não deixando nunca tal mania
de os motes seus em tudo peneirar,
seguirei a esboçá-la em poesia.

Igreja da matriz

Na insensatez da rua
ergue-se a simetria
de sua arquitetura.

Feitura duma época
em que as proporções
faziam sentido.

Sua brancura acesa
avulta baixo
um céu de chuva.

Vontades se revelam
ante sua grandeza,
pasto para pombos.

Um fuste encantatório
que atrai os ventos do céu
e os anseios da terra.

Por vezes nela entrei e
saí, como muitos fazem,
no desfolhar do dia.

A convicção de espanto
é passageira como alento
que se perde na subida.

Imóvel atrativo
do tempo frente
à transitória face da rua.

Muitas as vezes foram
as que passei pensando
na dimensão do silêncio.

E continuo ermo
frente ao vertical
firmamento de pedra.

Carrinho de pipoca

O cheiro de pipoca
se alastra na praça
como uma ideia
de delícias que se foram.

Enverga o cheiro
de bosta deixada
na calçada suja
como culpa que se esqueceu.

Não perturbam o pipoqueiro
os anos que tangeram
tanto à praça
como aos que ali viveram,

e permanece o pipoqueiro
firme em seu carrinho,
pipocando a sua arte
de fazer sorrir o menino.

Não fossem esses desalinhos
estralando pelo caminho,
seríamos senão feras
andejando pelas beiras.

Penso na possibilidade
da pipoca na praça,
e ela é real
enquanto encenação
do sonho,
e ela é sonho
enquanto manifestação do real.
Sem cessar
é preciso sentir
o cheiro de pipoca
alastrando-se na praça.

A possibilidade viva
de aderir-se às coisas,
o doce aroma
de fraternidade humana.

Notícia de jornal

Ano 1925\Edição D00081
Confeitaria:
Apollo, r. 15 de Novembro.

Quando fazia sentido
saborear o cheiro de café
na textura da conversa,
esta era a confeitaria da cidade.

Um silêncio persiste ainda
entre os estalos da hora
que avança,
por sobre os passos
que o tempo empreende
nas calçadas da cidade.
Nunca cessa de premir
seu peso incessante
nos instantes que temos.
Ele nos impõe
sua rígida disciplina
de tudo desfazer.

Sem os cafés pelando,
é precária a condição dos encontros;
latentes de vivência,
são áridas as paisagens dos entornos.

Esvaiu-se finalmente
toda a quietude do espaço,
e o que ali se fazia
quando o dia era mais amplo
e os encontros, mais notáveis.

A cadeia antiga

Assim como Marcier propôs,
a cadeia antiga de Barbacena
fica a encimar a rua
que deságua em profusão de cores,
embora o tempo tenha
acinzentado a sua textura.

Em um ritmo
de candeias oscilantes,
a luz se enreda
em serena direção
da orla oculta das casas
sob a bruma pálida
do céu do dia.

Mas estão ausentes
todos os excertos
que não compõem tal enredo.
E o que se passa logo
atrás de mim,
e o que está latente
além de mim, que vejo
o que fora eternizado,
a outra parte da rua
que se esgueira fora
dos confins da vista?

O que segreda
o velho mendigo
às pedras soltas
da calçada?
O que a menina
diz ao pai
na casa avermelhada?
O que procrastina
o estudante
que passa tateando?
Não convém exaurir
os fatos que a vista
mostra de soslaio.

De fato tenho descido
por esta rua, além
do que aqui se mostra,
e olhar de baixo
esse prédio que permanece
como o pintor o deixou
infunde ao olhar a vertigem
de quem se afasta da verdade.

Falta alguma coisa

Perdoe-me os atropelos. As horas foram de opressivas ocupações. São 21:00 quando finalmente ele se senta na poltrona. Há uma urgência em realizar as tarefas antes que termine o dia. Não deveria haver. Hoje esteve andando pelo centro da cidade, e o costume ensimesmado de procurar refúgios obrigou-o a entrar na lanchonete da qual te falei anteriormente. Ali, o café é forte e pelando e o salgado, sempre o mesmo. A vista da rua através da vidraça é boa e a conversa, estimulante. Os encontros são cada vez mais raros. Depois foi à tabacaria. Folheou um número do Expresso e a garota da semana era a garota dos seus sonhos, como quase sempre é. Nenhuma notícia que valha estar em poesia, salvo a taxação sobre livros em reforma tributária. Comprou 100g de drageados de licor e seguiu em direção ao cemitério. Às vezes o anseio vira verdade via a tenebrosa sensação do medo. Não passava das 12:00 quando se deu o enterro. Não teve como passar na biblioteca, devido às rasuras do instante no quadro do tempo. Cumprimentou um par de gente que lhe é desconhecida. Andar a pé tem os seus percalços. Pegou o caminho pela ponte seca e viu limpas fachadas de vidro. Aquelas casas velhas à beira do caminho — quase não são vistas, sufocadas nas sujeiras da rua.

Comprou pão e voltou para casa. Desejou ser um sacana, além da média natural, devido à longa exposição à galhofa. Ainda não foi pra cama, embora o sono o convide. Traça planos que jamais serão realizados. Não vale a pena almejar algo diferente sobre aquilo que se faz, depois de feito. Estes são outros tempos, tempos de lembranças. Quem sabe amanhã eu escreva um poema.

VII.

NÃO VENDO FIADO

no boteco

no boteco da esquina vamos
lançar as migalhas do dia jogos
ancestrais da condição mais humana
nos deliciam o espírito bebedeiras
baudelairianas de encharcar-se as ventas
expelindo os miasmas cuidadosamente
copilados pelos pés cansados
aos frangalhos na esquina se faz inteira carcaça
do bebedor solfejando garrafas
as gargalhadas e as ofensas do conquistador
sem a natural desavença da vida
na birosca das partilhas
bebem os patrões os fodidos
bebem os castos os depravados
a antinomia do que se vê
e o que só a cachaça
pode devassar

ode a um copo de cerveja

a este copo de cerveja suando
posto sobre o balcão do boteco
dedico este cântico da extenuação da realidade
sentado no banco de ferro propaganda
de cerveja aguada com cheiro de mijo
seiva de ouro engravatada
que dissolve o nó da garganta
apreciada se bebida aos goles
desculpa esfarrapada pra conversas
fiadas digladiadas em sonoros berros
beber-te-ia
até a última gota
não fossem os encontros
revogados pelas sentenças do dia
lúpulo malte água sabe-se lá
que porra a mais que não contam
as minhas papilas gustativas
de bebedor de cerveja
de que são os amores feitos
que fibras vibram pela dor tangidas
senão posso precisar
a fórmula certa da cerveja
posta sobre o balcão do boteco

salão do Lima

alguém dirá algum dia no bar
que o salão do Lima
era um bom lugar pra se aparar o pelo
embora fosse um cantinho sem muitas coisa
                                                    [dentro
cheio de caras barbudos
uma puta cadeira de barbeiro barulho
de carro morro arriba sol
quente pra caralho queimando a perna
de quem aguarda a vez
velhinho sempre velhinho brandindo
a tesoura obsoleta navalha
que deixa a nuca vermelha
ao invés de tanta perfumaria
todos dirão um dia
que o salão do Lima
era o lugar certo pra se aparar o pelo

já que a sorte está chegando

desde a rua
são os resíduos do dia
a faina intransponível da fadiga
desde o bar
são as esbórnias
as modulações da memória com as mangas
arregaçadas já a bunda no banco
conformada olho para a rua
tanta gente evita esses pavilhões
da culpa já que a sorte está chegando
tanta gente se ressente
em abrir a última garrafa deitar
os beiços no copo já que a sorte está chegando
tantos passos se dão ruas
palpitadas de comércio desejos
inconsentidos já que a sorte está chegando
não importa o quanto se prolonga o caminho
e se nele se pode imprimir os passos dados
já que a sorte está chegando
e se não chegar já estou aqui bebendo

um tango argentino

não faz sentido
dançar um tango argentino
com todos esses copos cheios
embora se possa esvaziá-los
e também se dançar um tango argentino
não necessariamente ao mesmo tempo
e estritamente nesta ordem
desde que haja bocas sedentas
e os pés treinados desenganados
pela dança de pernas da rua
cansadas pernas de misturar
o preparo de concreto
bocas estrebuchadas
pelas palavras de indignação famintas
das palavras feitas de ilusão
e os copos de cerveja suando
trazem o lastro de que precisa
a minha sede dancemos
um tango argentino

sob as cordas do violão

brandir as cordas do violão
como quem brande as cordas do acaso
que aqui nos trouxe alvoraçado
bar de gente música
se contorce feito água no ralo
a gente colide feito falenas
na lâmpada brande
o violão a secura da gente tarde
sonora dissipando a ternura da noite
um acorde passa roçando
tinindo os copos abridor abre
garrafa cerveja desce tremendo
violão tece seu canto trepidante
no coração da gente bundas
se entrechocam gargalhadas
de notas crescentes ao violão
cantarolam gemendo os dentes no balcão
a música nos congrega tarde
de arrepios embebidos no álcool
brande o violão a altura da dor
tarde sonora ansiando a cura da noite
é curta a tarde e mais comprida a noite
muitas tardes ainda restam pra cantar
que não nos toque ainda
o silêncio da noite

diálogo amoroso

já o vinho cobre-lhe o talo
e em profícua distensão das ideias
tece um canto à sua Dulcineia
de pernas perebentas

Os sentidos da estrada
não têm qualquer sentido
sem um aceno teu

É mais tristonha a música
sem o compasso e o traço
de um dito teu

A noite é mais noite
sem os teus olhos
a perscrutar os meus

não há beleza em se falar da noite, quando a
 [noite perdeu seus tons
de noite e embriagou-se da cor rubra
noite sobreveio sobre os homens
 [desgraçadamente noite
não há dia que alvoreça após a longa noite
meus olhos não podem ver
não podem vê-los os teus olhos dentro da noite

Tudo é tão simples e tão complexo
quando percebemos de tudo a essência:
o acordar do botão na florescência
rósea não me coloca mais perplexo

Do que observar dos planetas o amplexo
em fraterno estado de dependência;
em cada existir há uma influência
do belo e do terrível seu reflexo

Mas somente em ti ponto culminante
de tudo aquilo qu'é simples e belo
podemos vivenciar o empolgante

Encontro dos enigmas e mistérios;
nada reflete tão grande duelo
das graças sutis e traços etéreos

não há qualquer equilíbrio no estado das
[coisas,
o mundo é torpe e torpe é o homem que nele
[habita
sem distinção do belo ou do feio que nele
[coabitam,
segue sendo o homem essa balança que pende
[para o mal
alguns comem carne folheada a ouro
muitos comem merda revestida de esperança
enquanto a uns cobrem-lhes um céu de gesso e
[luzes multifacetadas,
a sujeira segue sendo o nosso leito

o que nos resta então diz o amante
beber o nosso vinho diz a amada

duelo

assim contou o cabra
quando entrou no boteco
pedindo um copo de aguardente
bocejando longamente

sobreveio-lhe a morte
como a todos os demais;
mas não como aos demais
cuja sorte
é propagar-se pelo caminho

na verdade
é espantosa a morte
que lhe sobreveio
como um instante
que se propaga
para além desse instante

o acesso de bravura
que há na faca
em riste
atiçou-me o olhar exausto;
sem qualquer roteiro
em mente
deformei-lhe as tripas

apraz-me a boa luta
travada
nas trincheiras de bosta
e lama da cidade
mas a longa calmaria
da província
me enerva os sentidos

era meu amigo
e nos atrevemos
juntos
a desbravar o caminho
até que algo me disse
e atiçou-me as ventas
impelindo os meus meneios
mais autênticos

nessas circunstâncias
por vezes
o dito leva o não dito
aos seus extremos
mais insuportáveis
onde a faca dita as suas regras

e aqui estou
sozinho
sorvendo este trago
junto
com o que trago
na memória

e os olhos do cabra pareciam
brilhar como o brilho de faca

sorria

se sorria diz uma placa
sorria diz também aquela vaca
atolada servida com a pinga
nada mais exista além dessa mescla
de perfeitas simetrias ataviados
rompantes de vida que no boteco se criam
nem resiste a grosseira ortografia da rua
que persiste nas bitolas da visão desponte
os sabores do caldo sabático profusão
de odores que habitam a memória ourives
que talha o dia em suas formas mais belas
não perdure a parcimônia do silêncio
e nem a angústia que nos assiste
viva a pura esbórnia da vida

VIII.

TARDES DIZEM COISAS MAIS EXTRAVAGANTES QUE OS POETAS

Não só flor há no jardim

Não só flor há no jardim
se uma flor
for
o melhor que há em mim.

Há o vulto nos tugúrios
se esse vulto
oculto
nos meus sentidos espúrios.

Não só chuva cai do céu
se uma chuva
enluva
meus tantos dedos de réu.

Há brilho que brilha o sol
se esse brilho
trilho
muito além do pôr de sol.

O sol se entranha

O sol se entranha
na chuva que o céu deu.
O céu se abre
como lençóis em cama de jacinto.

Como se pressa
tivesse em ir
desentranhando
a estação dos gestos
de despedida,

o prado ecoa
além da bruma
em seus meneios de verão
e faíscam
seus tons de verde
além do clarão.

Momentânea
agitação do vento:
têmpera do arrojo,
a noite se abre
o dia se fecha
homens hesitam
claudica, lenta
a lenta imagem.

O sino da igreja toca

O sino da igreja toca,
toca incoerente com o que toca
a vida em derredor
das pessoas.
Toca e não toca,
inquietando as pessoas.

Embora seja tarde
a hora em seu declínio,
a noite ainda é dia
na lembrança do que foi,

ou talvez neblina
na dor que não passou
como quando sob a pedra
se depôs o coração.

O sino da igreja repete,
repete incoerente com o que repete
as possibilidades em derredor
das pessoas.
Repete e não repete,
provocando as pessoas.

Lábios se abrem

Lábios se abrem
à cata de sussurros
que a tarde escorre,
lenta trajetória do dia.

Entre as sombras
que o vento instiga,
sondei as letras
percucientes
que o teu nome inflama.

O sorriso queima
a boca que treme,
tateando
a penumbra das horas.

Porosa é a tarde
com seu manto
de marcas da saudade,
e teu beijo lateja.

Essas luzes do poente

Essas luzes do poente
sobre os céus da Mantiqueira
são o tom que se ressente
pela consciência inteira.

Muitas tardes se propagam
além das horas do dia
como os instantes que vagam
além do que se podia.

Cresce o rubor do crepúsculo
como cresce a dor antiga,
consterna cada músculo
como lança que fustiga.

Só essa tarde me encanta
quando a tarde se aproxima,
pois que dela se alevanta
cada tarde que me domina.

E então não imaginava

E então não imaginava
que veria novamente
a tarde que declinou,
mas era a tarde
que novamente se pôs
a declinar.

E não houvesse
tardes declinando
desde o ponto
em que me importo
de estar lembrando
das tardes que se foram,
ainda assim
a tarde estaria
se apresentando
em tantos pontos
em que estamos
pendentes um
do outro.

Desde a Piazzale Michelangelo

Imenso abismo
que engole a tarde
em seu declínio,
sem pressa e sem receio
entremostra a noite
a que vomita
ainda fria,
e treme aquele
pra quem
é sempre dia
antes que a tarde chegue.

Desde a Piazzale Michelangelo,
poucos fatos
seriam tão exatos
em seus tons de azul
como aquelas luzes
se apagando sobre o Arno
na tarde que declina.

Os vernizes da tarde

Os vernizes da tarde
postos tão brilhantemente
sobre as vidraças
de água
de Estrasburgo
numa foto aleatoriamente
encontrada na internet,
parece ser
um dos melhores lugares
para o entardecer;
parece, já que nunca
estive lá para ver.

Naturalmente,
sombras se estendem
ao largo dos telhados
e à deriva da face
da noite.

As candeias da rua
chispam
vagalumes na noite
e ao passo das trilhas
onde o vento
passa soprando
sobre as águas do rio.

Tantas tardes imaginadas
se apagam
antes que se apaguem
os olhos para vê-las.

Às vergastas do pesadelo

Às vergastas do pesadelo,
Goya gravou vinte e dois
disparates em claro-escuro
onde as tardes
parecem nunca aparecer.

Ainda assim,
sem o entardecer
parece inevidente
o dia sem a noite.

Entre lobo e cão,
a hora engasta
o sonho no olvido
e contrasta
fulgor e pulsão.

Pra quem se engana
com a tarde
contemplando
o céu da noite,
há que se talhar
as formas
com a faca ou o pincel.

IX.

ESCÁRNIOS AO BEL-PRAZER

Idos de janeiro

Anda com a estupidez
o saber depositar
a sua crença no altar
do fanatismo da vez.

A tarde decai chuvosa
e convertem-se em batalha
os gestos que o engodo talha
na conduta duvidosa.

Avança a prole da besta
em sua imensa bravata
de converter-se na exata
brutalidade que resta.

Espalha medo e incerteza
em tempos que pedem paz,
e acaba sendo aliás
o que temia a esperteza.

Com sua nudez exposta
em um mundo sem beleza,
cobre-lhe o céu da pureza
mas seu piso é de bosta.

Romance

O mandatário supremo
supremo sempre se faz
quando no outro extremo
haja quem co'o pó se apraz.

Flor enredada que fede,
granjeia a asneira por ceia
e o alento, a morte com febre,
solvendo o certo na areia.

Pisa em tapete de ossos
fruindo a festa macabra
que tudo torna em destroços
a cada porta que abra.

Seu gesto só bastaria
pra por o povo na marcha
da completa selvageria
que tanta terra escarcha.

O mais trágico de tudo
é tanta gente honesta
tornar o rosto sisudo
dado o contexto que resta.

Décimas

Acredito que seja pecado
fazer-se de consagrado
trazendo uma mentira
como algo que se atira
sobre cabeças cansadas
de tanto serem logradas,
faz-me pensar num presépio
com mulas, burros, fradépio
aureolando a família
igual na iconografia.

Um milhão de descartados
era apenas gripezinha?
Nativos abandonados,
foi apenas estorinha?
Imaginário fascista,
quis fazer-se de severo?
Procedimentos golpistas,
quis fazer-se de sincero?
Tantas feituras grotescas,
nação de faces farsescas.

Estamos ao largo ainda
de ter algo que prescinda
de um sentido seguro
onde buscar nosso apuro
de afastar os desenganos,
mas afastando os tiranos
já se está no bom caminho
de achar a vida em alinho
à vontade do intangível,
da liberdade tangível.

Homem é lobo de si

Parasita, segundo Aurélio,
é o ser que não se oferta,
nem bem assim diz o velho;
de certo, nada desperta
melhor o homem que a vil
noção de tornar-se fera
mesmo que fosse sutil
sua explosão de querela,
mesmo no seu extravio
pelos eventos etéreos.

Homem é lobo de si,
usurpar é seu instinto,
mas ninguém perguntou se
havia algo distinto
do homem nessa matilha;
na verdade, não havia
qualquer um que compartilha
a mesma categoria
desse bicho por completo,
que desbarata a si mesmo.

Um jornal velho anuncia
ao mesmo tempo que embrulha
o ovo que se esvazia
dada a carência do pulha,
e logo pode forrar
o solado do sapato
que o furo faz esfriar
servindo-lhe de aparato:
não mais resiste o sapato,
o jornal velho resiste.

Vamos taxar os livros

Vendidos a preços módicos
livros seriam mais lidos,
mas, por usos mais metódicos
da economia, entendidos
resolveram tributar
um setor já decadente,
ponderando que estudar
é dos prósperos somente,
e aos humildes se consente
a migalha que sobrar.

A tão perito canalha
eu diria grosserias,
mas permitiu uma falha
daquilo que se queria
que um poema surgisse
e aqui se cantarolasse
acerca dessa imundice
revelando sua face;
tanto o pode a poesia:
desentranhar a verdade.

Tanto já se fez em nome
duma repressão velada,
onde tanto se consomem
as páginas chamuscadas,
mais que o ar que se respira,
e quem as deixou grafadas
foi escaldado na pira
que se quis chamar de santa
mas que se embebeu de sangue
e à custa dum mal que espanta.

Pra quê?

A pergunta seminal:
então, para onde vamos?
em nada importa afinal
se não vemos pra quê estamos.

Pra quê estamos, se diria,
conforme o nosso esquema,
viver de quinquilharias
para engordar o sistema.

A verdade é que vivemos
totalmente embriagados
com o mundo que bebemos.

Quais serão os resultados
se nem conseguimos ver
a igual condição do ser?

Almas mortas

Tchitchikov quis adquirir
almas mortas em caução
de futura esbanjação,
tal a praxe de mentir.

Almas vivas muito esfola
na promessa de futura
mudança da estrutura
esse Tchitchikov de agora.

No feudalismo moderno,
ele espera barganhar
qual senhor e subalterno.

E à família quer legar
a sua suserania
e espólio de distopia.

Coisas

Não me diga que o progresso
seja o além da barreira
se para uns é confesso
que a mesa é a lixeira.

Não me diga que o progresso
representa a melhoria
se não há sequer o acesso
da privada à porcaria.

Não me diga que o progresso
demonstra refinamento
se a ambição dita o processo

desses cujo movimento
sustém cada engrenagem,
onde peças são personagens.

Yanomami

Yanomami...
ainda há pessoas desnutridas,
vilipendiadas em suas sagradas
formas de vida?
Ainda há formas de vida
se debatendo
contra a rudeza
desmedida do poder?

A bizarrice
deixou as lendas e boatos
e virou notícia
postada aos olhos do mundo.
Não cabe nos metros heptassílabos,
ou no equilíbrio da existência.
Rompe a cegueira dos povos.

Nos escombros da cobiça,
ainda arde a esperança
nas *yanos* da floresta,
e ela pode vencer
as estruturas que dominam o homem.

Entre os vultos verdes
da floresta,
seu sussurro se esgueira
e se amalgama
no ouro extorquido
de suas terras:
que o ouçam
os ouvidos ricos
da Terra!

—

Esta obra foi composta em Droid Serif 11,2 pt e impressa
em papel Polen Natural 80 g/m² pela gráfica Meta.

—